道歉

苏格拉底的道歉

在苏格拉底的回忆中，在我看来，没有什么比他自己当过律师（被引述出庭时）更值得记录的了，这不仅涉及到他的辩护，而且涉及到他的辩护。他生命的尽头。其他人已经写过关于这个主题的文章，而所有人都无一例外地提到了哲学家的崇高风格，这可以被用来证明苏格拉底所使用的语言确实是这种类型。但是这些作家中没有一个人清楚地表明苏格拉底已经开始认为死亡对自己来说比生命更可取。因此，他的讲话傲慢无比，令人怀疑。然而，从他的一位熟人的口中，我们得知他是赫尔波尼克斯的儿子，赫尔格金斯，这说明他的举止高尚，完全符合大师的理性目的。说，看到苏格拉底在每个话题上都在劝阻，而不是在即将进行的审判中，他全面地决定是否应该辩论辩护路线，苏格拉底首先对此回答："做什么！在您看来，我似乎不是一辈子都在为自己的辩护做事吗？" 当遗传基因问他时，"怎么样？" 他补充说："由于终生坚持不做错事，我认为这是一个人可以设计的最好的防卫作法。" 目前回到这个话题上，造血细胞要求："苏格拉底，你没有看到雅典陪审团多久被争执使无辜者丧生的论点所束缚，更经常的是无罪宣告无罪，要么是出于某种可怜的可怜之情。诉状，还是被告有技巧讲些迷人的话？"苏格拉底因此呼吁："不，我郑重地告诉你，我已经两次提过要考虑我的辩护，而两次神性阻碍了我"。并提到了，"这很奇怪！"他再次回答："奇怪，你叫它，对上帝来说，我似乎应该立刻死掉吗？你不知道到现在我还不会让任何人比我过上更好的生活吗？知道我的一生都被公正、公正地度过了，这是我的荣幸，这是我的荣幸，而事实上，我的朋友和亲戚形成的这种观点也再次激发了我对自我认可的判断。关于我，现在，如果我的年龄仍要延长，我知道我将无法逃脱老年的惩罚，因为视力和听觉的迟钝性会增加，我会发现自己学习新课程的速度较慢，并且更容易适应他忘了，我忘记了我所学到的教训。如果再加上失败的意识，自责的刺痛，我在生活中会有什么进一步的快乐吗？"他补充说，"神出于他的好意而干预我，使我受苦以结束我的生活 年龄，以及最轻微的死亡。因为如果这时判处死刑，很明显，我将被允许达到一个结局，根据研究此事的人的观点，结局不仅是最简单的本身，而且会导致对朋友的麻烦最小，同时对离世者产生了最深的渴望。出于必要，他只会怀着遗憾和渴望，想到那些似乎没有留下来或似乎不舒服的东西，以困扰他旁边的人的想象力，但是，身体的声音和仍然能够友善安息的灵魂，平静地消失了。"

"毫无疑问，"他补充说，"当时众神反对我是正确的（碰到询问，我在辩护中要说的），当时你们都认为伟大的事情是发现一些无罪释放的手段；因为我是否已经意识到，我显然应该为自己做好准备，而不是为生活在我身边的生活做些准备，而是为了结束我因疾病或衰老而浪费的日子，在那一生中融合了许多邪恶最与欢乐无关的事物会聚。"

他补充说："不，上帝知道我不会表现出热情来实现这一目标。相反，如果宣扬我应得的一切上帝和人类的福气；如果通过宣扬我接受的意见对于我自己，我以疲于奔命告终，即使如此，我还是会选择死亡，而不是以奴役的形式求婚，让自己的寿命更长一点，仅仅是为了获得代替贫困的贫困生活。"

就是在这种决心下指出，当控方指控他未承认国家承认的众神，而是引入了新的神灵并腐蚀了年轻的苏格拉底时，他走了上前说道："首先，先生，我莫名其妙地想出了什么，墨勒第斯断言我不承认国家承认的众神，这是一个茫然的想法，因为就牺牲而言，世界上其他有机会出现的人已经习惯了看到我如此活跃在普通的节日和公共祭坛上；如果他愿意的话，梅勒图斯本人也可能如此；关于新颖的神性，我应该如何祈祷，说出我有上帝的声音来介绍它们这清楚地向我表明了我该怎么办？为什么，那些利用鸟叫声或人类话语的人还能从声音中得出结论呢？谁会否认雷声是有声音的，并且是一种声音。非常凶兆；女祭司在她身上 在的三脚架上，她不是也通过声音宣扬上帝的信息吗？无论如何，上帝有预见，并预备了那些他将要成为的人。就像我一样，这是全世界所有人都相信和主张的事情。只有当他们以鸟类和话语，记号和占卜者的名义描述这些预感时，我说的是神性，并且使用这种称呼时，我声称比起那些赋予了先知力量的人更准确，更虔诚地讲话。众神飞鸟。而且我并没有在神的头上撒谎，我以此作为证明：尽管我已经向许多朋友报告过天上的忠告，但是我从来没有被证明是欺骗者或欺骗者。"

当法官们听了这些话时，法官们低声说出他们的异议，有些则认为是不相信所说的话，而另一些则出于简单的嫉妒，认为苏格拉底实际上应该比他们自己从天堂得到的更多。于是苏格拉底回到了负责人。他说："来吧，当我告诉您更多信息时，请给我耳边，以便你们中那些选择的人可能会更愿意拒绝相信我因此受到神圣力量的尊敬。在许多证人面前，德里向我提出了一个问题，阿波罗回答说，没有人比我更自由，更正直，更节制。"当法官再次听到这些话时，法官自然而然地发出了强烈的反对意见，苏格拉底再次说："但是，先生们，这是更大的话，神在甲骨文中说到了草木，据说，当他进入圣殿时，神对他说："我正在考虑称呼你为神还是人。"在我看来，他的确不比上帝大，但在卓越方面我比其他人更喜欢我。"

"即使我过于轻率地相信上帝，我仍然不愿你接受这一点；相反，我会让你逐点调查上帝所说的话。我问你，还有其他人吗，身体上的胃口比我没有奴隶制吗？可以看到我比其他人更独立的精神，看到我不接受任何礼物或薪水吗？谁有权利相信自己不仅仅如此适合自己凭借他所拥有的，别人的事物对他不感到兴奋吗？谁会合理地认为是明智的，而不是像我这样的人，从我开始理解所讲的事物的那一刻起，他就永远不会忽略询问和学会用自己的力量去学习每件事，并且我不白费力气，比这样的事实更具决定性的证据，那就是我的许多追求美德的同胞以及许多陌生人也选择了我的社会，而不是选择其他人？我们该如何解释一个事实，尽管所有人都知道我们足以让我完全无法用金钱偿还他们，所以有很多人渴望给我一些礼物吗？而您对此有什么看法？虽然没人梦见要给我带来的好处来催我，却有许多人承认对我自己的感激之情？在围困期间，当别人怜悯自己的时候，我所生活的海峡没有城市繁荣时的海峡？而且，当其他人以高昂的代价为自己提供市场美食时，我的灵魂上的美德是比他们的灵魂更甜美，无偿购买的吗？如果我对自己说的话，没有人能说服我说谎，难道我从众神和人中得到的称赞是理所当然的吗？尽管如此，但尽管如此，您仍会因这种习惯而使年轻人腐败。我们知道，这种腐败的影响是什么？也许您会告诉我们，您是否知道在我的影响下，有人从宗教变成了非宗教信仰的人？谁因为头脑清醒而成为浪子；从适度的饮酒者变成了酒鬼和酒鬼；成为健康诚实的劳动者的爱已经变得根除，或在其他邪恶的乐趣的刺激下。"

默勒特斯大喊："不，保佑我的灵魂，我知道你说服的人，而不是乞求他们的父亲。"

苏格拉底回答说："我承认这一点，在教育方面，因为他们知道我已经把这件事当作研究了；在健康方面，一个人更愿意听从医生而不是父母；在公众集会上，我认为，雅典的公民要服从那些其论点表现出最明智的智慧而不是他们自己的关系的人,而且不是在您选择将军的情况下,您设定了您的父亲和兄弟姐妹,并祝福我!另外,与那些您认为是最明智的军事当局相比?"

"毫无疑问,苏格拉底,"莫莱特斯回答说,"因为这样做是方便和习惯的。"

"那么好吧,"苏格拉底再次说道,"即使在您最关心的普通人们关心的所有普通问题上,即使您,我们,也不会感到惊奇,我不是说平等的,而是一种排他的偏爱;但就我而言,仅仅是因为我被某些人选为最擅长的人

-教育,长官,我因此而受到您的起诉,这是由先生收取的?"

理所当然,无论是他本人还是倡导他事业的朋友都敦促这样做。但是我的目的不是要提及诉讼中出现的所有事情。一方面,我已经表明苏格拉底超越一切,只希望不表现出对天堂的虔诚和对人类的不公正,就足够了。另一方面,在他看来,逃脱死亡并不是一件很重要的事,相反,他认为死亡已经到了时机。当此案被裁定对他不利时,他得出的结论就更加明显了。首先,当他被要求提出反惩罚时,他既不会自己这样做,也不会遭受他的朋友为他提出的惩罚,但是甚至说提出反惩罚就像认罪一样。有罪。之后，当他的同伴们希望把他从监狱里偷出来时，他不会跟随他们的带领，而是通过问"他们是否偶然知道了阿提卡以外禁止死亡的某个地方，将这个想法当作一个玩笑。" 踏足？"

当审判结束时，我们被告知，师父说："先生，那些指示证人应该伪装自己并对我作虚假证人的人，就像那些听取指示的人一样，必须意识到自己的内心深处的不公正和不公正，但对我自己来说，如果我没有因做任何这些事情而被定罪，那么现在我有什么理由不让我的头比判刑之前降低我的头我的控告者指责我吗？没有证据表明反对我，我牺牲了新颖的神性来代替宙斯和赫拉以及组成他们的神灵，我没有被其他神宣誓，也没有命名他们的名字。

"然后是年轻人，我该如何通过使他们养成男子气概和节俭的方式来使他们腐败呢？因为甚至我的控告者自己都没有指控我，我犯下了任何一项以死刑为由的行为，例如抢劫神庙，破坏进入房屋，将自由主义者卖为奴隶或背叛国家；这样我仍然必须问自己，我想知道如何证明给我证明我做了一件值得死的事，又不是因为我无辜地死就是我之所以要降低波峰，是因为这不是在我身上，而是在那些谴责我的人身上的污点。

"对我来说，我对帕拉梅德斯的情况感到某种安慰，帕拉梅德斯的结局与我自己的结局没有什么不同；今天，他甚至比奥德修斯不公正地杀害了他，还提供了一种远非如此高尚的歌曲主题；而且我知道证词将会我也从将来的时光和过去的时光中承担了我的责任，我从来没有在任何时候犯错，也没有使他变得更糟，但是曾经试图使那些与我进行讨论的人受益，并免费地教给他们我力量中的每件事。

如此说来，他转过身来，走的姿势与他所说的话非常吻合-如此明亮的空气在他的眼神，手势和脚步中都可以辨认出来。

当他看到那些眼泪跟随他的人时，"这是什么？"他问。"你为什么现在哭泣？你不知道自从我出生以来的一整天，死刑是天生的吗？如果这样我会过早地灭亡，而生命的祝福之流却是自由而快速的。，当然，我和我的祝福者应该感到痛苦；但是，如果我在遇到麻烦的前夕使自己的生活结束了，就我而言，我认为你们应该让所有人都为我的宽容而感到高兴和高兴福。"

现在有一定的，他是主人的热情爱好者，而其余的则是个头脑简单的人。

他非常天真地喊道："但是，最难受的是苏格拉底，是要看到你被不公正地处死。"

据说苏格拉底轻轻地抚摸着年轻人的脑袋："亲爱的亲爱的，看到我死于某种正当理由而不是不公正的对待，你会更高兴吗？" 他说话的时候，他温柔地微笑。

还有人说，苏格拉底看到安提斯走了，他说："伟人以多么骄傲的方式行事；他认为，毫无疑问，他在杀害我方面做出了一些伟大而高尚的事迹，这一切都是因为看到他被认为值得最高荣誉的国家，我告诉他，让他在棕褐色的院子里长大的人病了，这家伙是多么卑鄙的人！他似乎不知道我们两个人中谁取得了最好和最崇高的成就将来，这套衣服才是真正的胜利者。他补充说："在死亡时，霍默赋予某些人预测事物的能力，我也很想发出预言。有一次，我与安特斯的儿子有短暂的交往，他似乎对我来说，我没有缺乏灵魂的力量；我的意思是，他将不会长期坚持父亲为他准备的奴役工作，但是，在没有任何认真的朋友和监护人的情况下，他喜欢被领导投入一些基本的激情，尽全力败坏自己。"

预言被证明是正确的。那个年轻人成了葡萄酒享乐的受害者。白天和黑夜他从未停止饮酒，最后对他的城市，他的朋友和他自己来说都是无益的，毫无价值。至于安特图斯，尽管坟墓已经关在他身上，但由于他儿子的基础成长以及他对人情的缺乏，他的邪恶名声仍然幸存下来。

苏格拉底的确做到了，因为他的自夸使他嫉妒法院的嫉妒使他的法官更加反对他。即便如此，我还是看了他作为天意获得的命运，像他在各种死亡形式中最容易实现的那样幸，并像他对生存的那一个悲惨部分所做的那样逃避。而且，这是一次光荣的机会，他必须展现出自己灵魂的全部力量，因为一旦他决定死亡对他来说比生活要好，就像过去他从未严厉地反对自己的美好事物一样生活充满了烦恼，所以即使面对死亡，他也丝毫没有软弱，但带着欢乐的心情，他拥抱了死亡的怀抱，并解除了生命的债务。

对于我自己而言，确实，当我铭记这个人的智慧和他的贵族时，我既不会忘记他，也不会忘记他，也不愿意称赞他。但是，如果有任何一个追求自己的人比苏格拉底的人遇到了一个更乐于助人的朋友，那么我向这样一个人表示祝贺，他是最令人羡慕的人。

www.ingramcontent.com/pod-product-compliance
Lightning Source LLC
LaVergne TN
LVHW021750060526
838200LV00052B/3574